GUGA ROCHA

Receitas da minha avó

SALGADOS

© 2015 - Guga Rocha
Direitos em língua portuguesa para o Brasil:
Matrix Editora
www.matrixeditora.com.br

Diretor editorial
Paulo Tadeu

Capa e projeto gráfico
Monique Schenkels

Revisão
Lucrécia Freitas
Silvia Parollo

CIP-BRASIL. CATALOGAÇÃO NA PUBLICAÇÃO
SINDICATO NACIONAL DOS EDITORES DE LIVROS, RJ

Rocha, Guga
Receitas da minha avó / Guga Rocha. - 1. ed. - São Paulo: Matrix, 2015.
192 p.: il.; 23 cm.

Inclui índice

ISBN 978-85-8230-221-7

1. Culinária - Receitas. I. Título.

15-26123   CDD: 641.5
                                  CDU: 641.5

Dedico este livro ao meu saudoso pai, Fernando, minha mãe, Rosa, meus irmãos Luiz Fernando, José Carlos e Claudia Helena, sobrinhos, cunhados, tios, primos, avós, minha esposa Elise e meus sogros, pois família é o sabor mais verdadeiro da vida.

SUMÁRIO

PREFÁCIO	9
APRESENTAÇÃO	11
ABACATE RECHEADO COM CAMARÃO	18
BACALHAU AMANTEIGADO	20
BACALHAU AO CREME DE LEITE	23
BACALHAU AO FORNO	25
BATATA DE FORNO SIMPLES	27
BATATA-INGLESA	29
BATATAS À ESCALOPE	30
BERINJELA À MILANESA	32
BIFE À PORTUGUESA	35
BIFE DE CAÇAROLA	37
BOCA DE LOBO	38
BOLINHAS DE BACALHAU	40
BOLO DE CARNE	43
BOLO DE CENOURA SALGADO	44
BOLO SALGADO	46
BOLO SALGADO DE AIPIM	48
CAMARÃO EMPANADO COM CATUPIRY	50
CAMARÃO TROPICAL	52
CANAPÉ QUERO MAIS	55
CARNE AO MOLHO MADEIRA	56
CARNE LOUCA DE FESTA	59
CHURRASCO NAPOLITANO	60
COXINHA	62
CREME DE MILHO	65
EMPADÃO DE FRANGO	66
EMPADINHA 3 PINGOS	68
EMPADINHA DE BATATA	71
ENSOPADO DO MAR	73
ESPETINHO ITALIANO	74
FILÉ DE PEIXE TROPICAL	76
FRANGO À KIEV	79
FRANGO AO FORNO	80
FRANGO GOSTOSO	82
FRITOS DE CAMARÃO	84
GALINHA AO MOLHO	87
GALINHA COM ASPARGOS GRATINADOS	89
GRATIN DE GALINHA	90
MACARRÃO AO CAMARÃO COM LEITE DE COCO	92
MACARRÃO DE FÔRMA	95
MACARRONADA PARISIENSE	97
MAÇÃS RECHEADAS COM LINGUIÇA	98
MAIONESE DE LEGUMES	100

MARAVILHAS DE QUEIJO	102
MASSA DE PASTEL	104
MIÚDOS DE FRANGO COM ARROZ	107
MOLHO DE TOMATE DA EDINHA	108
NHOQUE	110
OMELETE DE ERVAS FINAS	113
OSTRA AO LEITE DE COCO	114
OVO COM BACON AO FORNO	116
PÃEZINHOS DE BATATA	118
PANQUECA	120
PÃO DE MACAXEIRA	123
PÃO DE MINUTO	124
PÃO DE QUEIJO DE LIQUIDIFICADOR	126
PÃO RÁPIDO SOVADO	129
PASTEL DE FORNO	130
PATÊ DE CEBOLA	132
PATÊ DE SARDINHA	135
PEIXE RECHEADO	136
PIZZA FILICUDI	139
POLENTA	141
PUDIM DE CAMARÃO	142
PUDIM DE MACAXEIRA	144
PUDIM DE PEIXE	146
PURÊ DE BATATA COM SALSICHA	149
QUIBE DE PREGUIÇOSO	150
RAVIÓLI	152
REFOGADO DE LEGUMES	154
ROCAMBOLE DE BATATA	157
SALADA ALEMÃ	159
SALADA DE CENOURA E REPOLHO	160
SALADA FLORIDA	162
SALADA HÚNGARA	164
SALADA NIÇOISE	166
SALADA RUSSA	168
SALADA TROPICAL	171
SALADA WALDORF	172
SALGADINHOS DE QUEIJO PARMESÃO	175
SOPA DE PALMITO	176
SUFLÊ DE MACAXEIRA	179
SURURU ENSOPADO	181
TORTA AMERICANA DE CAMARÃO	183
TORTA DE CARNE DE LIQUIDIFICADOR	184
TORTA DE MUSSARELA	186
TORTA DE PEIXE	189

Prefácio

Guga,

Parabéns por ter tido a ideia de resgatar receitas antigas de sua avó e colocá-las em um livro. Acredito que todas as vovós, como eu, se sentirão também homenageadas pelo seu trabalho como um verdadeiro netinho, carinhoso e dedicado às receitas de antigamente.

Tenho certeza de que minhas amiguinhas e meus amiguinhos vão adorar, pois eu sempre uso receitas e segredos da minha mãe e até da minha avó na minha culinária. Considero você meu netinho e já tive inúmeras oportunidades de apreciar seu trabalho. Você conquistou inúmeros fãs e seguidores de sua culinária pela humildade, carinho e respeito por todos que o cercam.

Que Deus o ilumine sempre, como neste trabalho lindo que você fez homenageando as vovós. Grande beijo da sua admiradora.

Vovó Palmirinha

Vovó Edla em uma de suas viagens

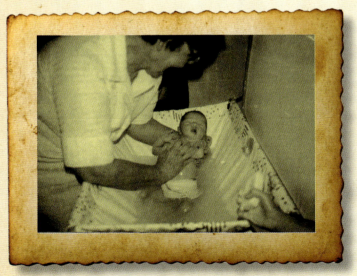

Minha avó dando meu primeiro banho

Apresentação

Lembro-me com muita saudade de minha querida avó Edla. Sempre sorridente, atabalhoada, cozinhando maravilhas em sua casa, que, por obra do destino, localizava-se em uma ruazinha no centro da cidade, de nome Rua das Verduras, em Maceió. Em meio às panelas fumegantes, desde muito jovem, eu, o curioso de sempre, observava e aprendia com a inquietude dos gulosos. Foi assim, envolto em perfumes inebriantes que emanavam de suas preparações mágicas, que minha paixão pela culinária tomou forma. Ajudando-a em seu ofício, que viria hoje a ser o meu, descobri a alegria que ela sentia em alimentar as pessoas.

Das coisas que aprendi com dona Edinha, como era chamada pelos mais próximos, eu destacaria a importância de fazer o que se ama com dedicação de verdade. "Se é para fazer de qualquer jeito, melhor nem fazer", dizia minha amada e perfeccionista avó. Uma mulher notável, dotada de dons artísticos muito delicados, que com maestria tecia anjos de açúcar à mão livre para adornar os bolos de casamento que fazia.

1º

21-7-86 — Receitas da Célina

3 xuxens grandes, 1 colher de sopa de margarina, 1 colher de sopa maisena, 2 ovos 2 colheres de sopa de queijo ralado e sal
— Modo de fazer —
Cosinha-se os xuxens dipois de frio, poça-se no liquidificador com os óutros ingredientes. Leva-se ao forno em forma untada com manteiga, delicioso

Maionaese
2 ovos intéiros (deve ser gelado) e sal
1 pitada de pimenta do reino
1 colherinha de mustarda
6 gotas de limão e azeite português.
— Modo de fazer —
Põe-se no liquidificador tudo, e dá-se 6 voltas — Em seguida bota-se o azeite até cobrir os clices e liga-se até ficar consistente

Também tinha uma inteligência notável e conseguia, com destreza, criar delícias com as sobras do jantar da noite anterior ou com o que fosse mais barato na feira naqueles dias. Como bem dizia seu marido, meu avô, Luiz Ramalho:

– Nem tudo que é bom é caro, nem tudo que é caro é bom, mas triste mesmo são as coisas que não têm o devido valor.

Esse pensamento sempre rodeou minhas criações na cozinha, minha visão de uma comida acessível e popular. Vô Luiz me levava, aos 6 anos, para comer língua ao molho madeira num antigo restaurante chamado Ipaneminha; meus amigos olhavam com estranheza, mas eu adorava.

A cozinha é o coração de nossa casa. Lá é que se conversa e que todo mundo dá ideias para a receita do outro – somos uma família apaixonada pelo bem comer, beber e ser feliz. Meu pai, filho de dona Edinha e do seu Luiz, sempre foi um grande gourmet-gourmand e me mostrou as coisas boas da mesa e o que elas valiam.

colher de Katchup.

Modo de fazer: 2 fatias de pão molha juntas e após, põe-se o molho e um pouco da galinha e queijo e assim sucessivamente.

Pão dourado –

1/2 quilo de farinha de trigo, 2 colheres de sopa de manteiga, 2 ovos batidos, 1 copo de leite de vaca, 1 colher de fermento de padaria – 1 de sal, 1 de sopa de açúcar forma untada de manteiga.

Junta-se o leite morno o sal e o açúcar, a manteiga, o fermento, os ovos batidos e por último a farinha e mistura-se e bate-se com a mão até tem batido, põe-se na ... e põe em lugar quente enrolado com uma toalha, ... 40 m. e vai ao forno ...

Espetinho +Salsão

Quadradinhos de filé mignon; rodelas de linguiça calabresa; fatias de alho, socado sal e pimenta do reino; cebolas, tomates, limão ou vinagre.

Tempere a carne com alho socado, sal, pimenta do reino e limão ou vinagre. Depois de 1/2 hora retire e tempere e este em cada palito um pedaço de carne, tomate, linguiça e cebola, tudo em pedacinhos.

Quando a gordura estiver fervendo, passe cada um palito, fritando.

Escorra em papel absorvente e sirva quente. Pode também fazer ao forno

Assim, champanhe e caviar são tão bons quanto carne de sol e acarajé quando bem-feitos.

Minha avó dava aulas de cozinha em escolas públicas de Alagoas, ensinava às damas da sociedade etiqueta e receitas para o dia a dia familiar, e fazia os bolos de casamento para as núpcias mais importantes de sua época. Escreveu diversos cadernos com clássicos das cozinhas brasileira e internacional, além de suas próprias criações. Cadernos esses que minha mãe Rosa guardou com muito carinho, como um tesouro, para as próximas gerações de nossa família. E são essas preciosidades que hoje divido com você.

Como são muitas receitas, decidimos dividir em dois volumes. Neste primeiro livro, trago as receitas salgadas de minha avó, as quais, para mim, sempre foram as melhores – simples, baratas, deliciosas e diferentes.

Espero que você se sinta em casa, em nossa cozinha, como parte de nossa família. Bom apetite.

Guga Rocha

Salgados

Abacate recheado com camarão

Ingredientes

2 abacates cortados ao meio de comprido

1 xícara (chá) de camarão limpo e cozido

2 colheres (sopa) de maionese

2 colheres (sopa) de catchup

Suco de 1 limão

1 colher (chá) de pimentão

1 colher (sopa) de vinho do Porto

4 rodelas de limão e azeitonas

Modo de preparo

Coloque os abacates em uma travessa virados para cima e regue-os com o suco de limão. Recheie cada abertura com os camarões, cobertos com a mistura de molhos. Enfeite a travessa com as rodelas de limão e as azeitonas.

ESSE É UM PRATO QUE MOSTRA A INFLUÊNCIA DA COZINHA NORTE-AMERICANA DAS DÉCADAS DE 1950 E 1960 NAS RECEITAS DA MINHA AVÓ. O ABACATE ERA BASTANTE CONSUMIDO ASSIM.

Bacalhau amanteigado

Ingredientes

400 g de bacalhau
1 lata de creme de leite
3 batatas pequenas cozidas
1 cebola média ralada
1 dente de alho amassado
1 xícara (chá) de azeite de oliva
1 colher (chá) de coentro picado
2 colheres (sopa) de manteiga
Pimentão verde fatiado fino
Azeitonas pretas

Modo de preparo

Coloque o bacalhau de molho de véspera, trocando a água 3 vezes.

No dia seguinte, tire a pele e as espinhas e despedace. Reserve.

Doure uma cebola média ralada, 1 dente de alho e o pimentão no azeite. Depois adicione o bacalhau, refogue um pouco e apague o fogo.

Misture as batatas machucadas, o creme de leite, um pouco de coentro picado, prove o sal e coloque em um pirex com pedacinhos de manteiga por cima. Leve para dourar no forno e sirva com azeitonas.

QUANDO MINHA AVÓ FALA "MISTURE AS BATATAS MACHUCADAS", ELA QUER DIZER BATATAS AMASSADAS. EM MACEIÓ, A EXPRESSÃO MACHUCAR, QUANDO USADA ASSIM, NA COZINHA, SIGNIFICA AMASSAR. SE VOCÊ NÃO GOSTA DE COENTRO, PONHA SALSINHA, MAS DÊ UMA CHANCE AO COENTRO.

Bacalhau ao creme de leite

Ingredientes

1 kg de bacalhau limpo
600 g de batata-inglesa cozida
1 lata de creme de leite
1 kg de cebola picada
Azeite de oliva
Queijo parmesão
2 ovos cozidos

Modo de preparo

Regue um pirex fundo com azeite e coloque uma camada de bacalhau e outra de batatas mal cozidas cortadas em rodelas finas. Depois, coloque 1 camada de cebola regada com o azeite e outra de queijo parmesão ralado. Repita as camadas até terminarem os ingredientes.

Borrife a última camada com 1 colher de leite, em seguida coloque as rodelas de ovos e o creme de leite. Leve ao forno por 10 minutos.

UMA VERSÃO MAIS BARATA ERA UM DOS PRATOS FAVORITOS DO MEU PAI. A MESMA RECEITA, SÓ QUE COM BACALHAU DESFIADO. ESSA RECEITA DE BACALHAU É INFALÍVEL. ACOMPANHADO DE UM PÃO DE MIGA MOLHADO NO AZEITE É DIVINO.

Bacalhau ao forno

Ingredientes

500 g de bacalhau
½ xícara (chá) de azeite de oliva
10 minicebolas cozidas
20 tomates-cereja
20 batatas bolinha cozidas
10 ovos de codorna cozidos
10 azeitonas pretas
300 ml de azeite
1 dente de alho
Salsinha picada
Alecrim fresco
Sal e pimenta-do-reino

Modo de preparo

Escalde o bacalhau, seque-o e refogue-o no azeite com 1 dente de alho inteiro e alecrim.

Sirva o bacalhau com todos os acompanhamentos, tempere com sal, pimenta, regue com o azeite do refogado e salpique salsinha.

 UM PRATO SABOROSO E DIFERENTE PARA QUEM GOSTA DE BACALHAU.

Batata de forno simples

Ingredientes

500 g de batata

300 g de queijo parmesão ralado

3 ovos

2 xícaras (chá) de leite

2 colheres (sopa) de manteiga

Modo de preparo

Cozinhe as batatas em água e sal até que comecem a ficar macias (o ponto certo é quando são facilmente perfuradas com um garfo). Corte as batatas em fatias ainda quentes, coloque-as com o queijo em um pirex untado com manteiga.

Bata os ovos e misture com o leite, regando as batatas com essa mistura. Leve ao forno por 15 minutos.

NA VERDADE, ESSA RECEITA É UMA ESPÉCIE DE TORTILHA DE FORNO, MUITO FÁCIL DE FAZER E DELICIOSA. EXPERIMENTE A MESMA RECEITA, ADICIONANDO 150 G DE BACALHAU DESFIADO.

Batata-inglesa

Ingredientes

6 batatas-inglesas

3 colheres (sopa) de manteiga

100 g de queijo parmesão ralado

1 colher (sopa) de cebolinha para decorar

Sal e pimenta-do-reino a gosto

Modo de preparo

Cozinhe as batatas com casca em água fervente por 8 minutos.

Retire e coloque-as em uma travessa. Faça vários cortes nas batatas, tempere com sal e pimenta, pincele manteiga e salpique o queijo.

Leve para assar em forno a 180º C até dourar. Sirva-as salpicadas de cebolinha e mais queijo.

PODE SER UM ÓTIMO ACOMPANHAMENTO PARA VÁRIOS PRATOS OU MESMO UM DELICIOSO PETISCO. SE OPTAR COMO PETISCO, SIRVA COM BACON E CREAM CHEESE. FICA O TOP DAS GALÁXIAS.

Batatas à escalope

Ingredientes

1 kg de batatas descascadas e cortadas em rodelas finas

2 colheres (sopa) de manteiga

Sal, pimenta-do-reino e farinha de trigo para polvilhar

2 xícaras (chá) de leite

Queijo parmesão ralado a gosto

Modo de preparo

Em um refratário, coloque as batatas em camadas, polvilhando-as com sal, pimenta-do-reino e farinha de trigo misturados. Cubra cada camada com queijo parmesão ralado.

Derreta a manteiga e coloque por cima da última camada de batata, distribuindo depois o leite. Leve ao forno por uns 30 minutos ou até que as batatas estejam macias.

ESSE PRATO DE BATATAS É DELICIOSO E FÁCIL DE FAZER. VAI MUITO BEM COMO ACOMPANHAMENTO DE CARNE OU PEIXE.

Berinjela à milanesa

Ingredientes

½ kg de berinjela

½ colher (chá) de sal

1 pitadinha de pimenta

1 ovo batido

½ xícara (chá) de farinha de rosca

½ colher (sopa) de manteiga

Modo de preparo

Corte as berinjelas em fatias finas e tempere a gosto.

Passe no ovo batido e, depois, na farinha de rosca. Coloque em um pirex untado com manteiga e asse em forno quente durante 40 minutos.

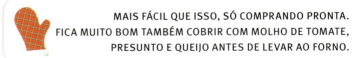

MAIS FÁCIL QUE ISSO, SÓ COMPRANDO PRONTA. FICA MUITO BOM TAMBÉM COBRIR COM MOLHO DE TOMATE, PRESUNTO E QUEIJO ANTES DE LEVAR AO FORNO.

Bife à portuguesa

Ingredientes

2 bifes de filé-mignon

Azeite

Batatas cortadas em palito

2 fatias de pão de água
(pode usar pão filão ou broa portuguesa)

2 fatias de queijo prato

1 copo de molho de tomate

1 colher (sopa) de salsa picada

2 ovos fritos

2 colheres (sopa) de azeitonas

2 colheres (sopa) de vinho do Porto

Manteiga

Óleo de soja

Sal e pimenta a gosto

Modo de preparo

Frite os bifes em azeite bem quente. Ponha o sal quando virar.

Frite as batatas no óleo. Reserve.

Passe manteiga no pão cortado em fatias e frite-as até dourar.

Misture o molho de tomate e o vinho do Porto e leve para ferver, temperando com sal e pimenta.

Em um prato grande arrume os bifes, coloque as fatias de pão, os ovos fritos, cubra com queijo prato e o molho de tomate.

Sirva com batatas fritas e azeitonas.

COMIDA DE VERDADE, QUE AQUECE O CORAÇÃO. SE NÃO TIVER VINHO DO PORTO, USE VINHO TINTO SECO E ACRESCENTE À RECEITA UMA COLHER DE SOPA DE MEL.

Bife de caçarola

Ingredientes

250 g de bifes de alcatra
2 colheres (sopa) de óleo
1 cebola picada
1 cenoura em rodelas
100 g de champignon
1 tomate picado
Sal e pimenta-do-reino
½ copo de vinho tinto seco

Modo de preparo

Em uma panela de pressão, frite ligeiramente a cebola e a carne no óleo.

Junte os demais ingredientes e feche a panela de pressão por 12 minutos.

CARNE DE PANELA DA VOVÓ FÁCIL, IMBATÍVEL, SIMPLES E NOTA 10. COMA COM PEDACINHOS DE PÃO BRANCO E ARROZ OU BATATA COZIDA PARA NÃO PERDER UMA GOTA DO MOLHO!

Boca de lobo

Ingredientes

1 ½ xícara (chá) de farinha de trigo

2 xícaras (chá) de leite

3 gemas

3 claras em neve

3 colheres (sopa) de queijo parmesão ralado

3 colheres (sopa) de manteiga

1 colher (sopa) de fermento químico em pó

Modo de preparo

Misture tudo e leve ao forno em forminhas untadas separadas.

ESSE SALGADO GERALMENTE ERA FEITO NAS FÔRMAS DE MADELEINE. ELE PODE SER COMIDO ASSIM, SEM RECHEIO, MAS EU GOSTO MAIS RECHEADO COM QUEIJO CREMOSO, TOMATE E MANJERICÃO.

Bolinhas de bacalhau

Ingredientes

500 g de bacalhau
500 g de batata
1 gema
1 clara em neve
1 dente de alho bem picadinho
1 xícara (chá) de salsinha e cebolinha bem picadinhas
2 colheres (sopa) de farinha de trigo
5 colheres (sopa) de azeite
Sal a gosto

Modo de preparo

Após dessalgar, cozinhe e desfie o bacalhau. Reserve.

Cozinhe as batatas e passe-as ainda quentes no espremedor. Espere esfriar.

Em seguida, misture o purê com o bacalhau desfiado e acrescente os outros ingredientes.

Acerte o sal, faça bolinhas e frite-as em óleo bem quente.

 SIRVA AS BOLINHAS DE BACALHAU COM LIMÃO E MOLHO APIMENTADO.

Bolo de carne

Ingredientes

½ kg de carne de primeira moída

1 pacote de sopa de cebola

2 ovos

1 ½ xícara (chá) de farinha de rosca

1 colher (sopa) de salsa e cebolinha picadinhas

Sal e pimenta-do-reino

Molho de tomate grosso

Modo de preparo

Misture a carne com os ovos, a sopa de cebola, a farinha de rosca, os temperos verdes e a pimenta. Verifique se é necessário colocar mais sal.

Leve para assar em fôrma untada, em forno brando, durante meia hora.

Depois de assado, desenforme o bolo e coloque o molho de tomate grosso por cima.

INGREDIENTES QUE TODO MUNDO TEM EM CASA E MUITO AMOR. FICA BOM COMO PRATO PRINCIPAL OU MESMO PARA FAZER UM BELO SANDUBA.

Bolo de cenoura salgado

Ingredientes

5 cenouras cruas
5 ovos
1 cebola grande
1 colher (chá) de sal
5 colheres (sopa) de farinha de trigo
5 colheres (sopa) de queijo ralado
1 colher (sopa) de fermento químico em pó
1 xícara (chá) de óleo
Manteiga e farinha de trigo

Modo de preparo

Bata no liquidificador os ovos, a cenoura, o óleo, o sal e a cebola.

Misture em uma tigela a farinha de trigo, o queijo ralado e o fermento, faça um vulcão com um buraco no meio e adicione os ingredientes batidos no liquidificador.

Asse em forminhas untadas com manteiga e polvilhadas com farinha de trigo.

Leve ao forno preaquecido a 180º C por 25 minutos.

Desenforme ainda morno.

COM CRIATIVIDADE, CARINHO E INGREDIENTES SIMPLES NOSSAS AVÓS INVENTAVAM MARAVILHAS NA COZINHA. INSPIRE-SE E FAÇA RECEITAS BARATAS E SABOROSAS COMO ESSA.

Bolo salgado

Ingredientes

3 gemas

3 claras

1 colher (sobremesa) de sal

1 colher (sopa) de manteiga

1 ½ xícara (chá) de amido de milho

3 xícaras (chá) de farinha de trigo

1 xícara (chá) de óleo

1 xícara (chá) de queijo parmesão ralado

1 ½ xícara (chá) de leite

½ colher (chá) de açúcar

2 colheres (sopa) rasas de fermento químico em pó

Modo de preparo

Bata levemente as gemas com 1 colher de sobremesa de sal. Acrescente o leite, o óleo, a manteiga, a farinha de trigo, o amido de milho, o queijo, o açúcar, o fermento e, por último, as claras em neve.

Unte a fôrma, coloque a metade da massa, acrescente o recheio de sua preferência e cubra com a outra metade da massa. Leve ao forno médio por aproximadamente 30 minutos ou até a massa ficar douradinha.

ESSA É UMA RECEITA CURINGA – ADORAVA QUANDO A VOVÓ ADICIONAVA UMA SIMPLES LATINHA DE MILHO-VERDE, ATUM OU AS SOBRAS DE UM FRANGUINHO DESFIADO.

Bolo salgado de aipim

Ingredientes

½ kg de aipim cozido e passado no espremedor

2 gemas

2 claras

2 colheres (sopa) de amido de milho

1 xícara (chá) de leite de coco

2 colheres (sopa) de queijo parmesão ralado

1 colher (café) de fermento químico em pó

Pedacinhos de bacon fritos

100 g de brócolis cozidos bem picadinhos

Manteiga

Modo de preparo

Misture tudo, menos as claras, que serão adicionadas no final, batidas em neve. Coloque em fôrma refratária untada com manteiga.

Salpique pedacinhos de manteiga e leve para assar em forno quente até dourar.

AIPIM, MANDIOCA OU MACAXEIRA – A ESPINHA DORSAL DA COZINHA BRASILEIRA. GOSTO DE SERVIR ESSE BOLO SALGADO COMO UM LANCHE REFORÇADO OU NO CAFÉ DA MANHÃ. TAMBÉM FICA DELICIOSO RECHEADO COM ESPINAFRE REFOGADO.

Camarão empanado com catupiry

Ingredientes

10 camarões grandes descascados e limpos (deixar o rabinho)

Sal e noz-moscada

120 g de catupiry

100 g de farinha de trigo

100 g de farinha de rosca

2 ovos batidos

½ litro de óleo para fritar

Modo de preparo

Tempere os camarões com sal e noz-moscada.

Abra o camarão de comprido, sem cortar até o final. Recheie com catupiry e leve ao congelador para ficar bem firme.

Empane-os passando primeiro pela farinha de trigo, depois pelo ovo batido temperado com sal e pimenta-do-reino e, por último, pela farinha de rosca.

Frite em óleo quente até dourar e deixe secar em papel-toalha.

 SIRVA OS CAMARÕES COM MOLHO DE PIMENTA OU MOLHINHO DE MOSTARDA COM MEL.

MOLHINHO DE MOSTARDA

INGREDIENTES

2 colheres (sopa) de mostarda

1 colher (sopa) de mel

Suco de 1 limão

Sal e pimenta

MODO DE PREPARO

Misture tudo e está pronto.

Camarão tropical

Ingredientes

1 kg de camarão
300 g de tomate-cereja
Cebolinha
Manjericão roxo
Manjericão verde
Sal e pimenta-do-reino preta
1 abacaxi

Modo de preparo

Cozinhe o camarão no vapor e faça uma salada com os outros ingredientes. Tempere com sal e pimenta e sirva no próprio abacaxi.

CAMARÃO COM ABACAXI É UMA HARMONIZAÇÃO QUE DÁ TÃO CERTO COMO COCHILO E COLO DE VÓ.

Canapé quero mais

Ingredientes

500 g de queijo do reino ralado

3 tomates

2 pimentões amarelos

4 ovos

2 colheres (sopa) de manteiga

Modo de preparo

Bata os tomates e os pimentões no liquidificador com os ovos e o queijo.

Coloque a mistura em uma panela junto com a manteiga e leve ao fogo médio, mexendo sempre para dar consistência cremosa.

Use em fatias de pão baguete levemente assadas e enfeite a gosto.

MINHA AVÓ FAZIA MUITOS EVENTOS E RECEPÇÕES; ELA ERA UMA DAS MAIORES COZINHEIRAS DE SUA ÉPOCA. AS FESTAS MAIS BADALADAS DA CIDADE TINHAM QUE TER SEUS QUITUTES. ESSE CANAPÉ FICA GOSTOSO DEMAIS.

Carne ao molho madeira

Ingredientes

1 kg de coxão mole limpinho
3 colheres (sopa) de azeite
1 cebola picadinha
1 dente de alho picadinho
1 cenoura grande em cubos
1 xícara (chá) de vinho madeira
300 ml de caldo de carne
2 colheres (sopa) de farinha de trigo
Sal e pimenta-do-reino

Modo de preparo

Em uma panela de pressão, aqueça o azeite, passe a carne na farinha de trigo e doure-a em seguida. Junte a cebola e o alho e refogue. Coloque a cenoura, o vinho madeira, o sal, a pimenta, refogue por mais 3 minutos e junte o caldo. Tampe a panela e cozinhe por 30 minutos contados a partir do início da pressão.

ESSA RECEITA É UM CLÁSSICO NA MINHA CASA ATÉ HOJE. O MOLHO MADEIRA COM ESSE TOQUE PESSOAL DA MINHA AVÓ FICA INCRÍVEL. ESSE MOLHO VAI MUITO BEM TAMBÉM COM FRANGO OU COGUMELOS. NÃO TEM VINHO MADEIRA? SEM PROBLEMA, USE UM BOM VINHO TINTO SECO.

SIRVA COM BATATAS ASSADAS OU – COMO DONA EDLA COSTUMAVA SERVIR EM FESTAS – DENTRO DE UM BOM PÃO FRANCÊS.

Carne louca de festa

Ingredientes

1 peça de lagarto

1 folha de louro

3 dentes de alho amassados

½ colher (sopa) de cominho moído

½ colher (sopa) de tomilho

½ colher (sopa) de pimenta-do-reino moída

6 colheres (sopa) de azeite

6 tomates maduros sem pele e sem sementes picados

1 pimentão vermelho em rodelas

1 pimentão amarelo em rodelas

2 cebolas grandes cortadas em rodelas

4 colheres (sopa) de vinagre de vinho tinto

Sal a gosto

Modo de preparo

Tempere a carne com o louro, o alho, o cominho, o tomilho, a pimenta e o sal.

Em uma panela de pressão, aqueça a metade do azeite e doure bem a carne de todos os lados. Junte 4 xícaras de água e os tomates e cozinhe por 1 hora e 30 minutos, a partir do momento que pegar pressão.

Retire do fogo e, após sair todo o vapor da panela, tire a carne do molho e desfie-a com a ajuda de dois garfos. Volte a carne à panela. Reserve.

Em uma frigideira, aqueça o azeite restante e refogue a cebola e os pimentões até ficarem macios. Junte o vinagre e refogue por mais 1 minuto. Coloque o refogado na panela da carne e cozinhe sem tampa por mais 10 minutos.

Churrasco napolitano

Ingredientes

1 ½ kg de filé bovino

1 cebola grande picada

1 ramo de salsinha

2 colheres (sopa) de manteiga gelada

2 colheres (sopa) de vinagre

1 colher (sopa) de catchup

1 colher (chá) de pimenta-do-reino

Sal a gosto

200 ml de vinho tinto seco

100 g de bacon em pedacinhos

50 g de linguiça em pedaços

Modo de preparo

Corte o filé em fatias finas (sem desprender da lâmina). Reserve. Em uma frigideira, doure o bacon e a linguiça, junte a cebola picada, a pimenta-do-reino, o vinagre, o catchup e o vinho tinto. Adicione depois a manteiga e mexa bem. Prove para acertar o sal e finalize com a salsinha.

Coloque o molho feito com o catchup em todas as fatias de filé. Em seguida, leve ao forno quente.

Esse prato pode ser servido com batatas fritas ou farofa de manteiga com ovos e passas sem sementes.

SEMPRE CERCADA DE LIVROS DE COZINHA QUE COMPRAVA EM SUAS VIAGENS E COM A CURIOSIDADE DOS ARTISTAS, DONA EDLA REPRODUZIA À SUA MANEIRA AS IDEIAS DE TERRAS DISTANTES, COMO ESSE CHURRASCO NAPOLITANO. O MOLHO FICA PARECENDO UM BARBECUE (BBQ). BEM LEGAL! ELA JÁ FAZIA ISSO NOS ANOS 1960!

Coxinha

INGREDIENTES DO RECHEIO

½ xícara (chá) de polpa de tomate
¼ xícara (chá) de azeite
3 dentes de alho picados
½ cebola média picada
1 kg de peito de frango cozido e desfiado
Salsinha a gosto
Sal e pimenta-do-reino a gosto

MODO DE PREPARO

Frite a cebola e o alho no azeite, junte o frango e refogue. Tempere com sal, salsinha e pimenta-do-reino.

Adicione a polpa de tomate. Misture bem e reserve para esfriar.

INGREDIENTES DA MASSA

350 g de farinha de trigo
½ kg de batata cozida e amassada
1 cebola ralada
3 dentes de alho picadinhos
¼ xícara (chá) de azeite
1 litro do caldo do cozimento do frango
Salsinha e orégano a gosto
Sal e pimenta-do-reino a gosto

MODO DE PREPARO

Frite, sem queimar, a cebola e o alho na metade do azeite e acrescente o caldo de frango. Quando ferver, deixe cozinhar por mais 5 minutos.

Tempere com sal, salsinha, orégano e pimenta-do-reino.

Coloque a batata amassada e misture bem.

Deixe cozinhar por 2 minutos.

Coloque a farinha e sove com uma colher de pau.

Quando a massa não grudar mais nas mãos, junte a outra metade do azeite e sove mais um pouco.

Modele as coxinhas.

Para empanar, mergulhe as coxinhas na água e, em seguida, passe na farinha de rosca aos poucos.

Frite em óleo quente e abundante.

Deixe escorrer em papel-toalha.

ESSAS COXINHAS SÃO FANTÁSTICAS, MINHA VÓ SEMPRE VENDIA MUITAS DELAS. ACONSELHO QUE FAÇA PARA VENDER TAMBÉM.

Creme de milho

INGREDIENTES

1 lata de milho-verde
1 xícara (chá) de leite
2 gemas
1 colher (sopa) de farinha de trigo
Sal a gosto

MODO DE PREPARO

Misture todos os ingredientes e leve-os ao fogo para engrossar. É ótimo para acompanhar pratos de carne.

ACHO QUE TODA AVÓ JÁ DEVE TER FEITO ESSA DELÍCIA. CASO NÃO TENHA FEITO, ESTE É O MOMENTO, PORQUE CREME DE MILHO É MUITO AMOR. UMA DICA LEGAL TAMBÉM É FAZER A MESMA RECEITA BATIDA NO LIQUIDIFICADOR.

Empadão de frango

INGREDIENTES DA MASSA

3 xícaras (chá) de farinha de trigo

½ colher (chá) de sal

3 gemas

¾ de xícara (chá) de manteiga amolecida

1 colher (sopa) de azeite

1 xícara (chá) de água fria

MODO DE PREPARO

Misture os ingredientes como se fosse uma massa de empadinha.

Forre uma assadeira com essa massa e deixe descansar por 1 hora na geladeira.

INGREDIENTES DO RECHEIO

500 g de frango cozido e desfiado

1 xícara (chá) de brócolis em pedacinhos

1 tomate picado

1 lata de milho-verde

1 cebola ralada

2 dentes de alho

1 colher (chá) de curry

1 colher (sopa) de manteiga

400 ml de leite

1 colher (chá) de amido de milho

1 colher (sopa) de salsinha picada

3 colheres (sopa) de queijo mussarela ralado

Sal, pimenta-do-reino e cominho a gosto

MODO DE PREPARO

Em uma panela, aqueça a manteiga e frite a cebola e o alho. Adicione o frango, o tomate, os brócolis e refogue.

Em outra panela, adicione o leite e tempere com cominho, pimenta-do-reino, curry, sal e salsinha. Junte o amido para que fique cremoso.

Misture o frango ao leite temperado e acrescente o milho, misturando bem. Deixe esfriar.

Ponha o recheio na massa e leve ao forno médio para assar.

SEMPRE TINHA ALGO DELICIOSO, COMO ESSE EMPADÃO, SAINDO DO FORNO NA CASA DA MINHA AVÓ.

Empadinha 3 pingos

Ingredientes

3 ovos

1 xícara (chá) de banha de porco

2 xícaras (chá) de leite

2 xícaras (chá) de farinha de trigo

1 colher (sopa) de fermento químico em pó

3 colheres (sopa) de queijo parmesão ralado

3 pingos de molho de pimenta

Modo de preparo

Bata todos os ingredientes no liquidificador até que fique uma massa uniforme. Em forminhas untadas e enfarinhadas de empadinha, despeje um pouco da massa e coloque o recheio. Leve para assar em forno médio.

 RECHEIE ESSA MASSA DO SEU GOSTO. ELA FICA MUITO SABOROSA E LEVE.

Empadinha de batata

Ingredientes

½ kg de batata
1 colher (sopa) de margarina
2 colheres (sopa) de leite
1 colher (sopa) de farinha de trigo
1 colher (sopa) de queijo de minas ou outro ralado
2 gemas

Modo de preparo

Cozinhe as batatas, passando-as ainda quentes pelo espremedor. Junte o resto dos ingredientes e amasse tudo.

Unte as forminhas, forre com a massa e coloque o recheio que preferir. Doure pincelando com as gemas e leve ao forno.

ESSAS EMPADINHAS SÃO DELICIOSAS, BEM DIFERENTES DA RECEITA NORMAL, ALÉM DE SIMPLES DE FAZER E BARATAS. COMO TODAS AS CRIAÇÕES DE MINHA AVÓ TINHAM UM TOQUE BRASILEIRO E UMA INSPIRAÇÃO INTERNACIONAL, ESSA EMPADINHA É QUASE UMA *BUREKA* – AQUELAS MASSINHAS FOLHADAS TÍPICAS DO LESTE EUROPEU.

Ensopado do mar

Ingredientes

500 g de camarões médios
500 g de robalo
250 ml de leite de coco bem grosso
1 xícara (chá) de temperos verdes
1 cebola picadinha
2 tomates picados
1 pimentão picadinho
2 colheres (sopa) de manteiga
1 fio de azeite ou óleo
1 colher (sopa) de extrato de tomate
2 colheres (sopa) de vinagre
Suco de 1 limão
1 colher (chá) de amido de milho
½ copo de leite
Sal

Modo de preparo

Lave os camarões e o peixe em água corrente com suco de limão e escorra. Junte os temperos verdes, o pimentão, a cebola, os tomates e o leite de coco grosso. Leve ao fogo.

Não pare de mexer. Quando estiver fervendo, adicione a manteiga, o azeite, o vinagre, o extrato de tomate e o sal. Dissolva o amido de milho em meio copo de leite e coloque na panela para engrossar o caldo. Deixe ferver mais uns 5 minutos e retire.

QUANDO DONA EDLA SE REFERIA A TEMPEROS VERDES, NA VERDADE ELA ESTAVA FALANDO DE SALSINHA, CEBOLINHA E COENTRO PICADOS BEM PEQUENOS, EM PARTES IGUAIS. ESSE PRATO É UMA DELÍCIA. LEMBRO-ME CLARAMENTE DO PERFUME QUE FICAVA NA COZINHA. SIRVA COM ARROZ E FAROFA PARA APROVEITAR TODO O SABOR DELICIOSO DESSE MOLHO.

Espetinho italiano

Ingredientes

500 g de filé-mignon em cubos
500 g de linguiça calabresa em rodelas
4 dentes de alho socados
4 cebolas
4 tomates
1 limão
Sal e pimenta-do-reino
Óleo para fritar

Modo de preparo

Tempere a carne com alho socado, sal, pimenta-do-reino e limão. Depois de meia hora, retire o tempero e espete em cada palito um pedaço de carne, tomate, linguiça e cebola – tudo em pedacinhos alternados.

Quando o óleo estiver quente, passe cada palito para dar uma fritada.

Escorra em papel-toalha e sirva quente.
Pode também fazer no forno.

 USE SUA CRIATIVIDADE: FRANGO, PEIXE, CAMARÃO, LEGUMES, COGUMELOS, FRUTAS E TUDO MAIS QUE DER ÁGUA NA BOCA.

Filé de peixe tropical

Ingredientes

4 filés de peixe branco
4 bananas-prata
2 colheres (sopa) de manteiga
2 colheres (sopa) de farinha de trigo
1 colher (sopa) de extrato de tomate
200 ml de creme de leite sem soro
Fatias de mussarela
Sal e pimenta-do-reino

Modo de preparo

Frite as bananas com uma colher de sopa de manteiga. Reserve.

Tempere os filés de peixe com sal e pimenta, passe-os na farinha de trigo e frite-os na manteiga levemente.

Arrume as bananas fritas em um refratário, fazendo uma camada com os filés de peixe.

Misture o creme de leite, o extrato de tomate, tempere com sal e pimenta e cubra os filés de peixe. Coloque por cima as fatias de mussarela. Leve ao forno para gratinar.

Ao fritar as bananas e o peixe, escorra bem toda a gordura.

ACHO QUE GOSTO TANTO DE FRUTAS COM COMIDA POR INFLUÊNCIA DA MINHA AVÓ E DA MINHA MÃE. SEMPRE HAVIA UMA FRUTA PARA ACOMPANHAR OS PRATOS DE FRUTOS DO MAR.

Frango à Kiev

Ingredientes

4 peitos de frango

120 g de manteiga

2 ovos

Farinha de rosca

Sal e pimenta-do-reino

4 colheres (sopa) de óleo

Modo de preparo

Bata os filés de frango com o martelo de carne e tempere-os. Passe a carne nos ovos batidos e na farinha de rosca.

Antes de colocá-los nos ovos batidos, enrole cada filé com uma porção de manteiga por dentro, prendendo com 3 palitos.

Frite-os em óleo quente por 6 a 7 minutos, em seguida transfira-os para uma assadeira e leve-os ao forno preaquecido a 200º C por 10 minutos. Retire do forno e sirva em seguida. Lembre-se de remover os palitos antes de servir.

 SIRVA COM PURÊ DE BATATA E ERVILHAS. FICA GOSTOSO DEMAIS.

Frango ao forno

INGREDIENTES

1 frango em pedaços
1 pacote de sopa de cebola
Maionese (veja ao lado a receita de maionese caseira)
4 dentes de alho
200 ml de vinagre
1 colher (sopa) de orégano
Sal e pimenta

MODO DE PREPARO

Coloque o frango de véspera em vinha-d'alhos na geladeira (alho, vinagre, orégano, sal e pimenta).

Unte uma assadeira com maionese e coloque os pedaços de frango passados na sopa de cebola. Coloque mais maionese sobre os pedaços de frango.

Leve ao forno médio para assar lentamente. Não precisa virar.

SABE AQUELE ALMOÇO DE SÁBADO, QUANDO VOCÊ QUER FAZER ALGO SIMPLES, MAS COM UM TOQUE LEGAL? FAÇA ESSE FRANGO – FICA SHOW DE BOLA. ESSA RECEITA DE MAIONESE SERVE PARA TUDO; ELA FICA DEMAIS COM BATATINHAS COZIDAS E SALSINHA.

MAIONESE

Ingredientes

1 ovo
½ colher (chá) de alho picado
1 colher (sopa) de suco de limão-siciliano
1 colher (chá) de mostarda
¾ de xícara (chá) de óleo
Sal e pimenta a gosto

Modo de preparo

No liquidificador, bata o ovo, o alho, o suco de limão, a mostarda, o sal e a pimenta. Depois, em velocidade baixa, vá acrescentando o óleo em fio fino, aos poucos, batendo sempre até formar um creme homogêneo e espesso.

Frango gostoso

Ingredientes

2 frangos grandes
1 cenoura
3 talos de salsinha
1 cebola
1 xícara (chá) de amendoim sem pele torrado e moído
3 colheres (sopa) de uvas-passas sem sementes
1 pimentão verde moído
200 ml de vinho branco
1 colher (sobremesa) de mostarda
8 tomates grandes sem pele e sem sementes
1 cebola grande ralada
2 colheres (sopa) bem cheias de manteiga
1 colher (sopa) de extrato de tomate
Sal a gosto

Modo de preparo

Cozinhe os frangos em água com cenoura, talos de salsinha, cebola e sal.

Quando cozidos, retire as peles e, com as mãos, desosse as aves (coe e guarde a água do cozimento).

Em uma panela, refogue a cebola ralada, o pimentão e o amendoim na manteiga. Junte os tomates picadinhos, o extrato de tomate, a mostarda e deixe cozinhar um pouco.

Junte os frangos desossados, o vinho e as uvas-passas. Aproveite o caldo do cozimento, que não deve ser muito, e junte aos frangos. Aqueça bem. Sirva com arroz e salada.

 ESSA É A MINHA RECEITA DE FRANGO FAVORITA, EM QUE O AMENDOIM COM AS UVAS-PASSAS CONFEREM UM SABOR BEM LEGAL AO PRATO. TROQUE O FRANGO POR CARNE DE PORCO, SE PREFERIR, QUE TAMBÉM FICA SUPIMPA.

Fritos de camarão

INGREDIENTES

1 xícara (chá) de camarão já descascado

200 ml de leite

1 xícara (chá) bem cheia de farinha de trigo

3 colheres (sopa) bem cheias de queijo parmesão

2 ovos

1 dente de alho

½ cebola

1 colher (chá) de fermento químico em pó

Sal a gosto

Óleo para fritar

MODO DE PREPARO

Bata tudo no liquidificador, prove e acerte o tempero.

Em uma panela, aqueça o óleo e frite a massa às colheradas.

DIFERENTE DE UM BOLINHO DE CAMARÃO NORMAL, ESSA RECEITA NÃO FICA COM TEXTURA PARA FORMAR BOLINHAS. COMO A MASSA É FRITA ÀS COLHERADAS, OS FORMATOS FICAM IRREGULARES. SIRVA COM LIMÃO, PIMENTA OU MOLHO DE MAIONESE COM PICLES PICADOS QUE FICA SHOW. DÁ PARA FAZER A MESMA RECEITA USANDO FRANGO, CARNE DE PORCO, CARNE BOVINA, LEGUMES...

Galinha ao molho

INGREDIENTES

1 galinha
2 dentes de alho
½ copo de vinagre
1 cenoura grande
1 cebola
1 colher (sopa) de salsinha
Sal a gosto
Manteiga e banha

MODO DE PREPARO

Coloque a galinha em vinha-d'alhos de um dia para o outro. Cozinhe a galinha em água com a cenoura, a cebola e o sal até ficar macia. Depois de cozida, unte a galinha com bastante manteiga, com a banha e a vinha-d'alhos e leve ao forno para dourar. Regue de vez em quando com o caldo em que a galinha foi cozida.

DEIXAR A GALINHA EM VINHA-D'ALHOS É UMA ÓTIMA MANEIRA DE GARANTIR UM SABOR MAIS MARCANTE, E SERVE TAMBÉM PARA AMACIAR A CARNE.

NA ÉPOCA ERA MUITO DIFÍCIL ENCONTRAR ASPARGOS FRESCOS NO BRASIL – SE HOJE AINDA SÃO CAROS, IMAGINE, ENTÃO, NO TEMPO DA MINHA AVÓ. TRATA-SE DE UM PRATO CHIQUE PARA UM EVENTO ESPECIAL. USE ASPARGOS EM LATA MESMO QUE FICA ÓTIMO, MAS, SE QUISER USAR FRESCOS, TAMBÉM DÁ MEGACERTO.

Galinha com aspargos gratinados

INGREDIENTES

1 kg de galinha

200 ml de vinho branco seco

400 ml de leite

400 ml de caldo em que foi cozida a galinha

2 colheres (sopa) de manteiga

1 lata de creme de leite

3 colheres (sopa) bem cheias de farinha de trigo

1 xícara (chá) de queijo parmesão ralado

100 g de uvas-passas sem sementes

2 latas de pontas de aspargo

300 g de presunto cortado em tirinhas

Sal

Alho

1 cebola ralada

2 tomates

MODO DE PREPARO

Tempere a galinha com alho e sal e doure os pedaços ligeiramente na metade da manteiga. Junte depois uma cebola ralada, 2 tomates e deixe refogar. Acrescente o vinho branco e 2 copos de água. Deixe cozinhar.

Separe a carne dos ossos e peles. Coe dois copos do caldo. Leve ao fogo o leite, o caldo e a farinha, mexendo sempre até engrossar. Adicione o restante da manteiga, o sal e as uvas-passas. Retire do fogo e junte o queijo ralado, o creme de leite e bata bem. Coloque em pirex fundo um pouco do creme, uma camada de galinha, uma de presunto e uma de pontas de aspargo. Repita até terminar o creme. Por cima, coloque queijo ralado e leve ao forno para gratinar.

Gratin
de galinha

INGREDIENTES

1 galinha cozida e desfiada
1 xícara (chá) de galinha defumada desfiada
1 xícara (chá) de leite
1 xícara (chá) de mussarela picada
1 xícara (chá) de queijo parmesão ralado
1 copo de requeijão
1 xícara (chá) de milho-verde
1 xícara (chá) de ervilha
1 xícara (chá) de cogumelo
1 xícara (chá) de uva-passa

MOLHO BRANCO À MINHA MODA

INGREDIENTES

2 colheres (sopa) de manteiga
1 colher (sopa) de amido de milho
1 cebola ralada
200 ml de leite

MODO DE PREPARO

Doure a cebola na manteiga e junte o amido diluído no leite.

Acrescente ao molho branco a galinha desfiada e a defumada, o milho, a ervilha, a uva-passa e o cogumelo.

Coloque em um refratário, em camadas:

1ª camada – ½ copo do requeijão espalhado no fundo da fôrma.

2ª camada – mistura do molho branco, galinhas, milho-verde, cogumelo, ervilha e uva-passa.

3ª camada – bata no liquidificador: ½ copo de requeijão, 1 xícara de leite, 1 xícara de mussarela. Coloque esse molho por cima. Cubra com queijo parmesão e leve ao forno para gratinar.

PENSE NUMA COISA GOSTOSA. PRATO GRANDE PARA UM ALMOÇO DE FAMÍLIA QUE VAI AGRADAR TODO MUNDO. CASO NÃO GOSTE DE UVA-PASSA, SUBSTITUA POR AZEITONA SEM CAROÇO QUE FICA MUITO BOM TAMBÉM. ÀS VEZES, MINHA AVÓ SERVIA ESSA DELÍCIA COM BATATA-PALHA POR CIMA. HUMMMM...

Macarrão ao camarão com leite de coco

INGREDIENTES

500 g de macarrão

1 colher (sopa) de manteiga

½ kg de camarão limpo e cozido

5 tomates

1 pimentão

2 colheres (sopa) de azeite

1 cebola grande picada

1 dente de alho amassado

375 ml de leite

1 vidro de leite de coco

3 colheres (sopa) de amido de milho

Sal e pimenta a gosto

1 colher (sopa) de extrato de tomate

1 pacote de queijo ralado

MODO DE PREPARO

Cozinhe o macarrão e escorra. Junte uma colher de manteiga e reserve. Faça um refogado com a cebola, o alho e o azeite. Junte os outros ingredientes e, por último, os camarões, mexendo sempre.

Misture o refogado com o macarrão.

FICA MUITO BOM TAMBÉM SERVIDO GRATINADO. BASTA ARRUMAR EM UMA ASSADEIRA UMA CAMADA DE MACARRÃO, UMA DE CAMARÃO E OUTRA DE QUEIJO, ATÉ ACABAREM OS INGREDIENTES. LEVE AO FORNO ATÉ DOURAR. MINHA AVÓ NÃO MENCIONA O TIPO DE MASSA, MAS, PARA GRATINAR, USE MASSA DE GRANO DURO. RETIRE DA ÁGUA DOIS MINUTINHOS ANTES DE ESTAR TOTALMENTE NO PONTO DE SERVIR, POIS, AO GRATINAR, A MASSA CONTINUA COZINHANDO.

Macarrão de fôrma

Ingredientes

200 g de macarrão cozido em água e sal

4 ovos

3 colheres (sopa) de amido de milho

200 ml de leite

1 xícara (chá) de queijo prato ralado

1 colher (sopa) de manteiga

Sal

200 g de sobras de frango

Cogumelos picados

Modo de preparo

Bata os ovos, junte o amido de milho ao leite, acrescente o queijo prato ralado, a manteiga e o sal.

Junte todos os ingredientes mais os cogumelos picados e as sobras de frango ao macarrão.

Coloque em um pirex untado, cubra com bastante queijo prato e leve ao forno quente.

USE UMA MASSA DE GRANO DURO E RETIRE 2 MINUTOS ANTES DE ESTAR NO PONTO PERFEITO, POIS ELA CONTINUARÁ COZINHANDO NO FORNO.

Macarronada parisiense

INGREDIENTES

½ pacote de talharim
1 colher (sopa) de manteiga
½ xícara (chá) de leite
2 xícaras (chá) de sobras de frango desfiado (assado ou cozido)
1 cebola picada
½ lata de ervilhas (100 g)
1 lata de creme de leite
Sal e pimenta-do-reino a gosto

MODO DE PREPARO

Em uma panela com bastante água com sal, cozinhe o talharim al dente.

Em outra panela, derreta a manteiga, doure a cebola, adicione o frango e refogue tudo.

Depois junte o leite, o creme de leite e tempere com sal e pimenta-do-reino a gosto.

Escorra a massa e junte ao molho. Decore com as ervilhas e sirva.

ADORO AS FORMAS SIMPLES E ELEGANTES QUE DONA EDINHA ACHAVA PARA USAR AS SOBRAS E CRIAR CLÁSSICOS DELICIOSOS. FAÇA ISSO TAMBÉM, ECONOMIZE DE FORMA SABOROSA.

Maçãs recheadas com linguiça

Ingredientes

6 maçãs grandes

400 g de linguiça

100 g de uvas-passas

Modo de preparo

Corte uma fatia da parte de cima das maçãs, tire as sementes e parte da polpa.

Pique a polpa retirada e misture com a linguiça de porco. Recheie as maçãs, empilhando o recheio bem alto. Cubra com as uvas-passas.

Asse em forno moderado por 30 a 40 minutos.

ESSE É OUTRO CLÁSSICO AMERICANO QUE INFLUENCIOU A FORMA DE COZINHAR DESDE OS ANOS 1940. MISTURAR FRUTAS COM EMBUTIDOS E SERVIR ACOMPANHANDO CARNE DE CAÇA, DE PORCO, FAISÃO OU PATO VIROU MODA.

Maionese de legumes

Ingredientes

1 cenoura grande
1 batata grande
1 xícara (café) de leite
1 xícara (café) de azeite de oliva
1 colher (sopa) cheia de maionese
Sal a gosto

Modo de preparo

Cozinhe a cenoura e a batata em água com sal.

Depois de frias e cortadas, coloque-as no liquidificador com o leite, o azeite, a maionese e o sal. Bata bem e você terá um creme ótimo para servir com camarões, verduras etc.

 FICA ÓTIMO COMO PATÊ PARA SERVIR COM PETISCOS.

Maravilhas de queijo

Ingredientes

250 g de manteiga
500 g de farinha de trigo
1 xícara (chá) de leite
1 colher (café) de sal
1 colher (sopa) de fermento químico em pó

Modo de preparo

Peneire junto a farinha, o fermento e o sal. Em uma vasilha, coloque o leite, a manteiga, e vá juntando os ingredientes secos até soltar das mãos. Fica uma massa fofa que não deve ser amassada, somente misturada.

Divida essa massa em 4 ou 6 porções iguais. Sobre uma mesa polvilhada, abra com o rolo cada porção separadamente. Espalhe a pasta de queijo em cada porção (veja a receita ao lado). Enrole como rocambole e, depois, em papel impermeável. Leve ao congelador para endurecer.

Quando estiver duro, retire o papel e corte o rocambole em rodelas finas com uma faca afiada. Arrume em fôrma levemente untada e polvilhada. Por último, leve ao forno.

UM PETISCO MUITO BOM E UMA RECEITA BOA PARA VENDER. PODE CORTAR AS FATIAS BEM FINAS OU MAIS GROSSAS.

PASTA DE QUEIJO

Ingredientes

250 g de manteiga

200 g de queijo parmesão ralado

Modo de preparo

Misture os ingredientes até ficar uma pasta. Leve à geladeira por 10 minutos.

Massa de pastel

Ingredientes

2 colheres (sopa) de manteiga

1 gema

1 colher (café) de fermento químico em pó

½ xícara (chá) de leite

Sal

Farinha de trigo quanto baste

Modo de preparo

Misture a gema, o leite, o fermento e o sal mexendo sempre. Adicione a farinha. Depois da primeira xícara de farinha, adicione 2 colheres de manteiga e vá colocando o restante aos poucos (de 3 a 4 xícaras). Não é para trabalhar muito a massa, por isso, assim que ela desgrudar das mãos, está pronta. Deixe descansar por 1 hora.

Depois, polvilhe a superfície em que a massa será aberta e corte-a em quadrados. Recheie cada quadrado, dando a forma de pastel ao fechar. Pincele a massa com a gema e leve ao forno em assadeira.

Use o recheio de sua preferência.

MEU RECHEIO FAVORITO PARA ESSES PASTÉIS DE FORNO É DE CARNE MOÍDA COM AZEITONA, MAS PODE SER DE CAMARÃO, LEGUMES, QUEIJO... TUDO FICA ÓTIMO NESSA MASSA INCRÍVEL.

Miúdos de frango com arroz

Ingredientes

300 g de miúdos picados grossos
500 g de arroz cozido
1 cebola média picadinha
2 tomates picados
4 colheres (sopa) de óleo
1 cálice de aguardente
Sal, pimenta-do-reino e orégano

Modo de preparo

Em uma frigideira, coloque o óleo e deixe esquentar bem. Coloque a cebola e os tomates picadinhos e tempere.

Junte os miúdos e acrescente um cálice pequeno de aguardente.

Coloque o arroz em uma travessa e, a 5 cm da borda, faça uma coroa de miúdos.

TODA AVÓ SABE O QUE É BOM PARA VOCÊ. MIÚDOS SÃO MUITO BONS PARA A SAÚDE, TANTO DO NETO QUANTO DO BOLSO DE QUEM PREPARA. UM PRATO BARATO E DELICIOSO.

Molho de tomate da Edinha

Ingredientes

1 ½ kg de tomate bem maduro

400 g de músculo picado em pedaços pequenos

½ cebola picada

3 dentes de alho picados

¼ de xícara (chá) de óleo

1 colher (sopa) de extrato de tomate

1 colher (chá) de açúcar mascavo

½ xícara (chá) de vinho branco (opcional)

Sal, manjericão e pimenta-do-reino a gosto

Modo de preparo

Bata os tomates no liquidificador e depois passe por uma peneira.

Aqueça o óleo e doure os pedaços de músculo.

Retire a carne e, na mesma caçarola, refogue a cebola e o alho.

Adicione os tomates batidos, o extrato de tomate, o açúcar e o músculo.

Cozinhe em fogo baixo por 4 horas e, caso o molho fique muito encorpado, adicione ½ xícara de vinho branco.

Tempere com sal, manjericão e pimenta-do-reino.

EDINHA, COMO CARINHOSAMENTE ERA CHAMADA A DONA EDLA, FAZIA TONELADAS DESSE MOLHO E SERVIA COM MASSA, LASANHA, ARROZ COM OVO DE GEMA MOLE OU SIMPLESMENTE COM PÃO COMO UM PETISCO PARA UM BOM VINHO.

Nhoque

Ingredientes

500 g de batata

2 xícaras (chá) de queijo parmesão ralado

1 ovo

1 colher (sopa) de manteiga

Farinha de trigo para dar consistência

Sal e pimenta

Modo de preparo

Cozinhe as batatas com casca em água fervente com sal. Quando macias, retire da água, descasque-as e passe-as ainda quentes pelo espremedor. Misture aos poucos todos os ingredientes.

Enrole a massa, cortando-a da largura de um dedo.

Coloque os nhoques em uma panela com água fervente e com sal. Quando eles subirem, já pode retirá-los da água com a escumadeira.

SIRVA COM MOLHO DE TOMATE E FOLHINHAS DE MANJERICÃO. SIMPLES E RÚSTICO.

Omelete de ervas finas

Ingredientes

4 ovos
Salsa e cebolinha cortadinhas
1 pitada de tomilho em pó
1 pitada de pimenta branca
Sal a gosto
1 xícara (café) de manteiga para fritar
1 xícara (café) de folhas de manjericão

Modo de preparo

Misture tudo, menos a manteiga para a fritura.

Coloque a manteiga em uma frigideira, em fogo alto. Em seguida, coloque a mistura de ovos.

Quando for ficando consistente, vire um lado sobre o outro, pelo meio.

 UM CAFÉ DA MANHÃ COM ESSA OMELETE FICA INCRÍVEL, COM UMA SALADINHA VIRA UM ALMOÇO OU UM JANTAR LIGHT. SE PREFERIR, SIRVA COM SALMÃO DEFUMADO QUE FICA GOSTOSO E CHIQUE.

Ostra ao leite de coco

Ingredientes

1 kg de ostras frescas
3 limões
1 pimenta-dedo-de-moça
1 colher (sopa) de coentro picado
1 dente de alho
4 tomates picados
1 pimentão verde picado
3 cebolas picadas
1 colher (sopa) de cebolinha picada
500 ml de leite de coco
200 ml de azeite de oliva
Sal

Modo de preparo

Em um pilão, amasse o alho com o coentro, a pimenta e o sal.

Misture o suco de limão ao macerado de coentro e tempere as ostras, deixando marinar em geladeira por 30 minutos.

Aqueça o azeite e refogue a cebola até dourar. Adicione o pimentão, os tomates e as ostras e leve ao fogo por 10 minutos.

Adicione o leite de coco e deixe cozinhar por 5 minutos, salpique cebolinha picada e sirva.

ESSA RECEITA PODE SER FEITA COM MEXILHÃO E MARISCOS EM GERAL. EU GOSTO TAMBÉM DE UMA VARIAÇÃO QUE MINHA AVÓ FAZIA, EM QUE ACRESCENTAVA UMA COLHER DE CHÁ DE EXTRATO DE TOMATE À RECEITA.

Ovo com bacon ao forno

Ingredientes

1 ovo
1 fatia de bacon
1 colher (sopa) de tomate picado
1 colher (chá) de cebola picada
Manteiga para untar
Sal e pimenta-do-reino

Modo de preparo

Em ramequim untado, junte o tomate e a cebola picadinhos bem miúdos. Sobre eles, coloque bacon cortado em pedacinhos. Quebre por cima um ovo, tempere com sal e pimenta e leve ao forno.

BACON É VIDA. OVO É TUDO NA VIDA. IMAGINE UM PRATO DE OVO COM BACON FEITO PELA VOVÓ. VÁ COM TUDO!

Pãezinhos de batata

Ingredientes

½ kg de batata

1 colher (sopa) de manteiga

½ xícara (chá) de óleo

200 ml de leite morno

1 xícara (chá) de açúcar

3 ovos

2 colheres (sopa) de sal

2 tabletes de fermento biológico fresco

Farinha de trigo até soltar das mãos

Modo de preparo

Cozinhe as batatas com casca, descasque-as e passe-as pelo espremedor.

Junte à batata o leite morno, o fermento e 1 colher de sopa de açúcar (da xícara). Mexa e cubra, deixando fermentar por mais ou menos 1 hora.

Quando formar espuma, junte todos os outros ingredientes e a farinha de trigo até a massa soltar das mãos. Sove a massa e faça pãezinhos pequenos.

Na assadeira untada, coloque-os uns distantes dos outros, pois eles crescem. Cubra-os bem e deixe descansar durante 1 hora.

Lembre-se, no forno quente eles assam rápido. Quando tirar do forno, passe manteiga e queijo parmesão ralado por cima.

 LEVÍSSIMO E DELICIOSO. COMIA SEMPRE PURO, SEM NADA, QUENTE, SAINDO DO FORNO.

Panqueca

Ingredientes

1 copo de leite
1 copo de farinha de trigo
3 ovos
Óleo para untar a frigideira
Sal a gosto

Modo de preparo

Bata tudo no liquidificador e deixe descansar por 1 hora.

Frite em frigideira untada ligeiramente.

CUBRA COM CARNE MOÍDA, MOLHO DE TOMATE E QUEIJO RALADO E LEVE AO FORNO.

Pão de macaxeira

Ingredientes

½ kg de macaxeira cozida
1 kg de farinha de trigo
2 tabletes de fermento biológico fresco
200 ml de leite morno
1 xícara (chá) de açúcar
1 xícara (chá) de óleo
1 colher (sopa) de manteiga
1 ½ colher (café) de sal
4 ovos
2 gemas para pincelar

Modo de preparo

No liquidificador, adicione os ovos, o leite, a manteiga, o açúcar, o fermento e o sal. Bata bem até obter uma mistura homogênea. Reserve.

Em uma tigela, adicione a macaxeira e metade da farinha. Misture bem. Acrescente a mistura reservada e amasse bem, juntando o resto da farinha aos poucos, até que a massa fique homogênea.

Deixe a massa descansar coberta com um pano até dobrar de volume.

Divida a massa em pequenas porções e modele os pães da maneira que quiser. Coloque-os em uma assadeira e pincele com a gema.

Leve ao forno preaquecido a 180º C.

SABOR DE BRASIL. ESSE PÃO É UMA MARAVILHA.

Pão de minuto

INGREDIENTES

2 xícaras (chá) de farinha de trigo
1 colher (sopa) de fermento químico em pó
1 colher (chá) de sal
2 colheres (sopa) de manteiga
¾ de xícara (chá) de leite

MODO DE PREPARO

Peneire os ingredientes secos. Junte a manteiga e o leite, misturando com um garfo. Modele os pãezinhos e coloque-os em fôrma untada. Leve ao forno por 15 minutos.

DÁ PARA FAZER DORMINDO ANTES DO CAFÉ DA MANHÃ. SUPERFÁCIL E RÁPIDO.

Pão de queijo de liquidificador

Ingredientes

2 xícaras (chá) de polvilho azedo

1 xícara (chá) de leite

½ xícara (chá) de óleo

1 ovo

1 pitada de sal

50 g de queijo ralado

Modo de preparo

Bata todos os ingredientes no liquidificador. Em seguida, coloque em forminhas de empadinha untadas e leve ao forno médio preaquecido por cerca de 20 minutos.

ESSA RECEITA DE PÃO DE QUEIJO DE LIQUIDIFICADOR É IDEAL PARA QUANDO CHEGAM VISITAS DE SURPRESA.

Pão rápido sovado

Ingredientes

½ kg de farinha de trigo
2 colheres (sopa) de manteiga
2 ovos batidos
200 ml de leite morno
2 tabletes de fermento biológico fresco
1 colher (chá) de sal
1 colher (sopa) de açúcar

Modo de preparo

Junte o leite morno, o sal, o açúcar, a manteiga, o fermento, os ovos batidos e, por último, a farinha de trigo. Misture e bata bem com a mão.

Coloque em uma fôrma untada, em lugar quente, e enrole com uma toalha por 40 minutos. Depois, leve ao forno para assar.

MUITO PRÁTICO E RÁPIDO, ESSE PÃO É UM DOS MEUS FAVORITOS NO CAFÉ DA MANHÃ.

Pastel de forno

Ingredientes

3 xícaras (chá) de farinha de trigo
1 xícara (chá) de amido de milho
2 ovos
1 xícara (chá) de leite em temperatura ambiente
2 colheres (sopa) de margarina
2 colheres (sopa) de fermento químico em pó

Modo de preparo

Amasse bem todos os ingredientes, sove a massa e deixe descansar por meia hora. Estenda a massa com o rolo e corte no modelo que quiser. Coloque o recheio de sua preferência, pincele com gema batida e arrume os pastéis em assadeira untada.
Leve ao forno moderado até que fiquem dourados.
Sirva quente.

PARA RECHEAR PASTÉIS COMO ESSES, SEMPRE ACONSELHO OS RECHEIOS CLÁSSICOS: CARNE MOÍDA, CAMARÃO, BACALHAU, QUEIJO OU MESMO, COMO MINHA MÃE FALA, O *TAL DO LAVOISIER* – "NA NATUREZA NADA SE CRIA, NADA SE PERDE, TUDO SE TRANSFORMA" –, PARA APROVEITAR SOBRAS GOSTOSAS DE LOMBO, FRANGO, CARNE AO MOLHO MADEIRA...

Patê de cebola

Ingredientes

2 pacotes de creme de cebola
1 litro de leite
2 colheres (sopa) de manteiga
2 colheres (sopa) de queijo ralado
Sal a gosto

Modo de preparo

Misture o creme de cebola com o leite e leve ao fogo forte, mexendo até ferver.

Diminua a temperatura e cozinhe por mais 5 minutos. Retire do fogo e junte a manteiga e o queijo ralado.

Misture tudo e faça os canapés.

RÁPIDO E EFICIENTE, ESSE PATÊ ERA UMA FEBRE NOS ANOS 1950 E 1960. AINDA HOJE EU GOSTO DE PREPARÁ-LO PARA SERVIR COM HAMBÚRGUER.

Patê de sardinha

Ingredientes

1 lata de sardinha ao molho de tomate
2 colheres (sopa) de margarina
Azeitonas verdes picadas
Salsa, cebolinha, orégano e sal a gosto

Modo de preparo

Tire as espinhas das sardinhas, amasse-as com o garfo e junte os outros ingredientes, mexendo bastante até formar uma pasta.

Faça canapés, sanduíches, ou use para rechear torta salgada.

ESSE PATÊ TAMBÉM ERA UMA FEBRE NOS ANOS 1950 E 1960. AINDA HOJE EU GOSTO DE FAZÊ-LO PARA USAR EM "SANDUÍCHES NATURAIS" DE PÃO DE FÔRMA E COMÊ-LOS GELADINHOS.

Peixe recheado

INGREDIENTES

350 g de farinha de trigo

2 colheres (sopa) de manteiga

1 colher (café) de sal

1 tablete de fermento biológico fresco

1 ovo e 1 gema

Leite quanto baste

MODO DE PREPARO

Peneire a farinha de trigo e adicione a manteiga, o ovo, a gema, o sal e o fermento. Adicione o leite – mais ou menos ½ xícara, pois não é preciso trabalhar muito a massa, apenas até que ela fique ligada. Feito isso, coloque a massa para descansar durante 1 hora.

TEMPERO DO PEIXE

Coloque o peixe (pode ser qualquer peixe) de molho no seguinte tempero: machuque o coentro com o sal, o limão e um dente de alho com algumas rodelas de tomate.

Deixe o peixe de molho por algumas horas para tomar gosto. Depois, abra o peixe pelas costas,tirando todas as espinhas. Recheie-o com1 kg de camarão, cozido e refogado com todos os temperos. Depois de refogado, adicione 1 copo de leite (de coco ou de vaca), 2 pães pequenos amanhecidos com leite ou água e passados na peneira. Se gostar, coloque 2 gemas e leve ao fogo para engrossar.

Depois de colocar o recheio, feche o peixe com palitos e amarre com um barbante. Leve ao forno quente no papel impermeável com todos os temperos já usados e com bastante azeite. De vez em quando, abra o forno e regue o peixe com seu próprio molho.

Quando o peixe estiver assado, envolva-o na massa já aberta – se possível, a massa deve estar fria e em papel impermeável polvilhado de farinha de trigo, que não deve sobrar nem faltar. Enrole o peixe aí duas vezes.

Deixe a cabeça, a cauda e as escamas bem altas com a ajuda do cabo de uma colher. Coloque na assadeira em que foi assado o peixe e leve ao forno bem quente para assar.

 COMO EXPLIQUEI NA RECEITA DO BACALHAU AMANTEIGADO, EM MACEIÓ O TERMO MACHUCAR SIGNIFICA AMASSAR. QUANDO MINHA AVÓ FALA "MACHUQUE O COENTRO COM O SAL", ELA QUER DIZER AMASSE O COENTRO COM O SAL.

Pizza Filicudi

Ingredientes da massa

3 xícaras (chá) de farinha de trigo
10 g de fermento biológico seco
1 colher (chá) de sal
1 colher (sopa) de manteiga
1 colher (sopa) de banha
200 ml de leite

Ingredientes da cobertura

1 copo de molho de tomate
200 g de queijo do reino ralado
1 lata de sardinha
2 colheres (sopa) de azeitonas em rodelas

Modo de preparo

Misture o fermento e o sal com a farinha de trigo. Acrescente a manteiga, a banha e o leite. Amasse bem para ligar.

A massa deve descansar uns 20 minutos.

Forre uma assadeira com essa massa, deixando um centímetro de espessura. Cubra com o molho de tomate, o queijo do reino, as sardinhas e as azeitonas. Leve ao forno quente.

USE BANHA MESMO, PARA CONFERIR CROCÂNCIA E LEVEZA TOTALMENTE DIFERENTES À MASSA. SE NÃO GOSTA DE SARDINHA, USE SUA COBERTURA FAVORITA – ESSA MASSA FICA GOSTOSA ATÉ FRITA.

Polenta

Ingredientes

1 litro de água
250 g de fubá
30 g de queijo ralado
2 colheres (sopa) de manteiga
10 g de sal

Modo de preparo

Em água fervente, coloque o sal e despeje o fubá, mexendo para não encaroçar e até que engrosse. Esse processo leva mais ou menos uns 20 minutos. Acrescente a manteiga e o queijo.

Sirva quente.

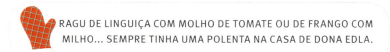

RAGU DE LINGUIÇA COM MOLHO DE TOMATE OU DE FRANGO COM MILHO... SEMPRE TINHA UMA POLENTA NA CASA DE DONA EDLA.

Pudim de camarão

INGREDIENTES

1 kg de camarão

3 colheres (sopa) de azeite

3 ovos

Leite de coco grosso caseiro ou 1 vidrinho de leite de coco

150 g de farinha de trigo

1 cebola pequena

100 g de queijo ralado

50 g de manteiga

250 g de batata

1 colher (sopa) de extrato de tomate

1 pimenta-de-cheiro

1 tomate

Sal a gosto

MODO DE PREPARO

Na panela, aqueça o azeite e acrescente a cebola, o tomate, o extrato de tomate, a pimenta, o sal e o camarão.

Cozinhe as batatas, passe-as ainda quentes no espremedor e junte o camarão, o queijo, os ovos batidos, a manteiga e a farinha de trigo. Leve ao forno em fôrma untada com azeite.

LEITE DE COCO CASEIRO

INGREDIENTES

200 g de coco fresco ralado

3 xícaras de água quente

MODO DE PREPARO

Aqueça a água e, quando começar a ferver, desligue o fogo.

Em um liquidificador, bata o coco ralado com a água quente por 2 minutos.

Coe em um pano limpo sobre uma peneira, espremendo bem para extrair todo o líquido.

QUANDO MINHA VÓ FALA "LEITE DE COCO GROSSO CASEIRO", É PORQUE ELA FAZIA SEU PRÓPRIO LEITE DE COCO, QUE GERALMENTE É MAIS GROSSO DO QUE O ENCONTRADO NO MERCADO. VOCÊ PODE USAR O INDUSTRIALIZADO OU FAZER O SEU. É SIMPLES.

Pudim de macaxeira

Ingredientes

1 kg de macaxeira cozida

2 gemas

100 g de queijo ralado

Fatias finas de queijo de coalho

1 copo de requeijão

1 colher (sopa) de manteiga

200 ml de leite

Modo de preparo

Bata no liquidificador a macaxeira com o leite. Leve ao fogo com a manteiga, a metade do queijo ralado e as gemas.

Quando ferver, coloque em um refratário untado um pouco da mistura. Cubra essa camada com fatias finas de queijo de coalho. Coloque o resto da mistura.

Na 3ª camada, cubra com o requeijão, polvilhe o restante do queijo ralado e leve ao forno para gratinar.

DELICIOSO PARA COMER PURO OU COMO ACOMPANHAMENTO DE CARNE DE SOL. EU SERVIRIA ISSO COM TUDO NA VIDA – É REALMENTE UM PRIMOR.

Pudim de peixe

Ingredientes

1 kg de filé de pescada-amarela
1 pimentão picado
1 tomate picado
1 cebola picada
2 dentes de alho
½ litro de água
Sal e pimenta-do-reino
1 xícara (chá) de leite
2 xícaras (chá) de pão francês picado
6 gemas
1 pacote de queijo parmesão ralado
6 claras em neve em pico firme

Modo de preparo

Cozinhe o peixe em uma panela com água, tomate, pimentão, alho, cebola, sal e pimenta-do-reino. Depois de cozido, separe o caldo dos sólidos.

Misture o leite com o pão, as gemas, e o peixe com os legumes do cozimento, o queijo e junte as claras. Coloque tudo em uma fôrma untada e polvilhada com farinha de rosca.

Desenforme e sirva com molho de camarão e palmito.

PODE SERVIR TAMBÉM COM OS CAMARÕES À PARTE OU MESMO SEM O MOLHO DE CAMARÃO, PORQUE O PUDIM DE PEIXE FICA MUITO, MUITO BOM. MANTENHA UMA PIMENTINHA POR PERTO DESSA DELÍCIA, POIS CAI MUITO BEM.

MOLHO DE CAMARÃO

Ingredientes

1 copo de molho de tomate

200 g de camarões médios

1 lata de palmito em conserva picado

1 colher (sopa) de manteiga

1 colher (sopa) de salsinha

Modo de preparo

Misture todos os ingredientes e leve ao fogo até ferver.

Purê de batata com salsicha

Ingredientes

1 cebola picada
3 tomates picados
3 colheres (sopa) de óleo
750 g de salsichas aferventadas em rodelas
Sal a gosto
1 colher (sopa) de catchup
1 colher (chá) de mostarda
2 cenouras raladas
½ kg de batatas cozidas e espremidas
Manteiga
Queijo parmesão ralado para polvilhar

Modo de preparo

Em uma panela, refogue a cebola e os tomates no óleo. Acrescente a salsicha, o sal, o catchup, a mostarda e a cenoura e cozinhe até ferver.

Em um refratário grande untado com manteiga, coloque metade da batata, tempere com sal, distribua o molho de salsicha e cubra as laterais com a batata restante.

Polvilhe com o parmesão e leve ao forno médio por 5 minutos ou até dourar.

SIMPLES E DELICIOSA, ESSA COMBINAÇÃO É UMA ÓTIMA OPÇÃO PARA UM LANCHE DE ÚLTIMA HORA. QUER DAR UMA INCREMENTADA? COLOQUE UMA LINGUIÇA ESPECIAL, COMO A *BRATWURST*, E CHUCRUTE, POIS VÃO COMBINAR SUPERBEM.

Quibe de preguiçoso

Ingredientes

3 xícaras (chá) de água

1 ½ xícara (chá) de trigo para quibe

½ xícara (chá) de cebola bem picada

1 ½ colher (sopa) de hortelã picada

500 g de carne moída (patinho)

1 pitada de canela

Sal e pimenta-do-reino a gosto

Óleo para fritar

Modo de preparo

Lave o trigo muito bem e deixe de molho na água por uma hora.

Escorra e esprema o trigo em um pano.

Misture o trigo com o restante dos ingredientes até conseguir uma mistura homogênea. Modele os quibes.

Aqueça o óleo e frite-os aos poucos, até que dourem.

Escorra-os sobre papel-toalha.

Sirva com rodelas de limão.

ESSA RECEITA DE QUIBE NÃO É A TRADICIONAL, MAS É BEM MAIS FÁCIL DE MOLDAR E OS QUIBES FICAM DELICIOSOS. O TOQUE DE CANELA DEIXA UM AROMA DELICIOSO.

Ravióli

Ingredientes

360 g de farinha de trigo

½ colher (chá) de sal

2 gemas

1 ovo

¼ de copo de azeite de oliva

½ copo de água morna

Modo de preparo

Em uma superfície lisa, coloque a farinha de trigo peneirada fazendo um vulcão. Misture em um bowl as gemas, o ovo inteiro, o azeite, a água e o sal. Adicione a mistura líquida no centro do vulcão.

Comece misturando com uma colher e, quando estiver mais uniforme, misture muito bem com as mãos. Sove a massa por alguns minutos, depois divida em 2 partes e cubra com um pano limpo.

Deixe descansar por 30 minutos. Abra a massa com um rolo sobre uma superfície lisa e enfarinhada.

Recheie a gosto. Cozinhe em caldo ou água bem temperada. Quando os raviólis subirem, retire-os com a escumadeira.

Sirva com molho de tomate.

CARNE MOÍDA, QUEIJO RICOTA COM ERVAS, ABÓBORA COZIDA COM ERVA-DOCE, LOMBO DESFIADO, COSTELA... USE SUA IMAGINAÇÃO. ESSA MASSA TAMBÉM FICA MUITO BOA FRITA EM ÓLEO E, DEPOIS DE SEQUINHA, VIRA UM ÓTIMO PETISCO.

Refogado de legumes

INGREDIENTES

3 batatas cozidas

3 cenouras cozidas

100 g de vagem

100 g de brócolis

½ lata de milho-verde

½ lata de ervilha

3 tomates picados

½ pimentão vermelho picado

1 cebola ralada

2 dentes de alho picados

1 copo de molho de tomate

1 colher (sopa) de óleo

Sal, salsinha, orégano e pimenta-do-reino a gosto

MODO DE PREPARO

Na panela, frite a cebola e o alho no óleo, em seguida acrescente os legumes.

Tempere com sal, salsinha, orégano e pimenta-do-reino.

Refogue até começar a secar.

Servir como recheio de quiche de massa integral.

QUICHE

INGREDIENTES

100 g de manteiga

1 xícara (chá) rasa de farinha de trigo integral

1 xícara (chá) rasa de farinha de trigo branca

1 colher (chá) de sal marinho

1 ovo

MODO DE PREPARO

Em uma tigela, misture a manteiga com as farinhas e o sal até que fique uma farofa.

Adicione o ovo e misture sem trabalhar muito a massa, para que não fique elástica.

Abra a massa numa superfície enfarinhada e coloque-a em fôrma redonda, apertando com os dedos para cobrir toda a assadeira.

Coloque o refogado de legumes e asse em forno médio preaquecido por aproximadamente 50 minutos.

ESSE REFOGADO DE LEGUMES É DELICIOSO. ELE PODE SER USADO TAMBÉM COMO RECHEIO DE ROCAMBOLE DE BATATA.

Rocambole de batata

Ingredientes

800 g de batata cozida com casca

1 ovo

3 colheres (sopa) de farinha de trigo

1 colher (sopa) de manteiga

3 colheres (sopa) de queijo ralado

½ xícara de leite

Sal

Modo de preparo

Descasque as batatas e passe-as no espremedor. Junte o ovo, a farinha, a manteiga, o queijo, o leite e o sal. Amasse bem e leve ao forno em assadeira untada. Retire do forno e vire sobre um pano de prato.

Coloque recheio de carne moída ou refogado de legumes sobre a massa e enrole cuidadosamente.

Se preferir, pode ser servido simplesmente com molho de tomate e queijo ralado.

UMA RECEITA QUE VAI FAZER VOCÊ DESENVOLVER SEU LADO CHEF. SIMPLES, MAS MUITO VERSÁTIL. VOCÊ PODE RECHEAR TAMBÉM COM FRANGO, CAMARÃO... ENFIM, USE SUA CRIATIVIDADE. FICA UMA DELÍCIA.

Salada alemã

Ingredientes

½ kg de cenoura crua ralada

½ kg de repolho cru ralado

½ kg de maçãs verdes cortadas em cubos

Maionese, mostarda, catchup e molho inglês a gosto

200 g de presunto picadinho ou 1 lata de atum

100 g de uva-passa sem semente

Modo de preparo

Misture tudo e leve para gelar.

ESSA SALADA ACOMPANHA MUITO BEM CHURRASCOS, ASSADOS E SANDUÍCHES. SEM ACOMPANHAMENTO TAMBÉM É UMA DELÍCIA.

Salada de cenoura e repolho

Ingredientes

2 cenouras médias branqueadas
1 xícara (chá) de repolho roxo cortado em tirinhas (à julienne)
4 colheres (chá) de vinagre ou suco de limão
3 colheres (chá) de azeite
1 colher (chá) de mostarda
Cebolinha francesa para decorar
Sal e pimenta

Modo de preparo

Misture muito bem todos os ingredientes em uma saladeira.

FAÇA COMO MINHA AVÓ E SIRVA A SALADA EM UMA TAÇA – QUALQUER TAÇA QUE VOCÊ TENHA EM CASA SERVE. FICA UMA ENTRADINHA SABOROSA E LIGHT PARA UMA REFEIÇÃO OU UMA ÓTIMA SALADA PARA ACOMPANHAR CHURRASCO EM GERAL. AH, E FICA INCRÍVEL NO SANDUÍCHE.

Salada florida

Ingredientes

2 maçãs ácidas cortadas em pedaços finos
2 colheres (sopa) de suco de limão
1 caule de aipo sem folhas
1 xícara (chá) de ervilhas
2 colheres (sopa) de nozes
2 laranjas cortadas ao meio
½ xícara (chá) de maionese
1 pimentão em tirinhas
Sal a gosto
Folhas de alface ou de agrião

Modo de preparo

Retire a polpa das laranjas, recorte a casca com faca afiada, formando serrinha. Corte a polpa em cubinhos.

Regue o suco de limão nas maçãs.

Misture o aipo, as ervilhas, as maçãs, as nozes, a maionese, o pimentão e o sal.

Coloque a salada dentro das cascas de laranja, que serão colocadas sobre folhas de alface ou de agrião.

Deixe na geladeira até servir.

REALMENTE É UMA ARTE SERVIR UMA SALADA DENTRO DE UMA LARANJA – MAIS *KITSCH* IMPOSSÍVEL. EU ADORO!

Salada húngara

Ingredientes

Sobras de carne de vaca, de porco ou de frango (assada ou cozida)

2 tomates

1 pimentão vermelho e 2 amarelos

1 cebola e 1 dente de alho

4 colheres (sopa) de vinagre de vinho

6 colheres (sopa) de azeite

Sal

Tomilho, salsa, cebolinha e aneto picados

Modo de preparo

Corte a carne em fatias finas e estreitas e tire a gordura. Limpe os pimentões e corte-os em tiras. Corte os tomates, misture o alho socado com o vinagre, o azeite, o sal, os pimentões e o tomilho.

Coloque a mistura em uma saladeira.

Enfeite com cebola cortada em rodelas finas, aneto, salsa e cebolinha.

ESSA É MAIS UMA ÓTIMA SUGESTÃO PARA APROVEITAR SOBRAS DE CARNE. FÁCIL DE FAZER, NÃO PRECISA DE COCÇÃO. COMO MINHA AVÓ MESMO FALAVA, PODE SER QUALQUER CARNE COZIDA OU ASSADA.

Salada niçoise

Ingredientes

1 lata de atum em conserva
Folhas de alface higienizadas
200 g de vagem branqueada
2 tomates
2 ovos cozidos
1 cebola roxa pequena
1 batata-inglesa cozida
Pimentão verde, vermelho e amarelo (a gosto)
4 filés de anchova em conserva
2 colheres (sopa) de azeitonas verdes
1 colher (sopa) de salsinha picada

Modo de preparo

Corte a batata e a cebola em rodelas, os tomates em 4, os ovos em 4 e os pimentões em tirinhas. Disponha as folhas de alface em uma saladeira e vá colocando os filés de anchova, as azeitonas, a salsinha e todos os outros ingredientes de um jeito bem bonito e elegante. Regue o molho e sirva a seguir.

MOLHO

Ingredientes

1 colher (sopa) de mostarda de Dijon
2 colheres (sopa) de vinagre de vinho branco
5 colheres (sopa) de azeite
Sal e pimenta-do-reino a gosto

Modo de preparo

Bata a mostarda e o vinagre e vá acrescentando o azeite de oliva aos poucos.

Tempere com sal e pimenta-do-reino.

MINHA AVÓ ADORAVA COZINHA FRANCESA E SEUS CLÁSSICOS. ESSA SALADA REPRESENTA BEM ESSA PAIXÃO. EU ME LEMBRO DELA SEMPRE QUE COMO UMA SALADA NIÇOISE.

Salada russa

INGREDIENTES

2 beterrabas cozidas em cubos

1 cenoura cozida em cubos

1 xícara (chá) de maionese

Sal, pimenta-do-reino e manjericão

MODO DE PREPARO

Misture todos os ingredientes e leve à geladeira.

Nessa salada você pode acrescentar laranja em gomos, nozes picadas e passas ou língua bovina cozida.

MUITO LEGAL MINHA VÓ COMENTAR DE LÍNGUA BOVINA, POIS LEMBRO CLARAMENTE QUE EU ESTAVA COM ELA E COM MEU AVÔ NO RESTAURANTE IPANEMINHA, EM MACEIÓ, EM 1982, QUANDO COMI ESSA IGUARIA PELA PRIMEIRA VEZ. TEMPO BOM.

Salada tropical

Ingredientes

1 lata de palmito cortadinho
1 abacaxi cortado e escorrido
200 g de presunto picado
1 cenoura cozida picada
5 maçãs ácidas picadas (pingar gotas de limão para não escurecer)
1 vidro de maionese
1 lata de creme de leite sem soro
1 colher (sopa) de molho inglês
1 colher (sopa) de mostarda
8 colheres (sopa) de catchup
250 g de presunto picado
Azeite
Cebolinha picada

Modo de preparo

Misture tudo e leve à geladeira.

Na hora de servir, decore o prato com cebolinha picada e regue azeite de oliva.

QUANDO MINHA AVÓ FALA 1 ABACAXI CORTADO E ESCORRIDO, ELA FAZ REFERÊNCIA AO ABACAXI EM LATA, MAS PODE USAR A FRUTA BEM MADURA QUE FICA SHOW.

Salada Waldorf

Ingredientes

1 xícara (chá) de aipo
1 maçã ácida
Suco de ½ limão-siciliano
4 colheres (sopa) de creme de leite
Nozes
Sal e pimenta-do-reino branca

Modo de preparo

Corte o aipo e a maçã em tirinhas e regue-os com o suco de limão. Bata o creme de leite até engrossar e tempere com o sal e a pimenta.

Decore com as nozes.

Se quiser, acrescente folhas de alface.

ESSE CLÁSSICO AMERICANO FOI CRIADO NO FINAL DO SÉCULO 19 NO WALDORF HOTEL, EM NOVA YORK, TENDO VIRADO REFERÊNCIA DE ELEGÂNCIA EM QUALQUER REFEIÇÃO NA ÉPOCA E ATÉ MESMO NOS DIAS DE HOJE. A SALADA PODE SER SERVIDA COM ABACAXI E UM TOQUE DE MOLHO INGLÊS.

Salgadinhos de queijo parmesão

Ingredientes

250 g de farinha de trigo
250 g de manteiga
250 g de queijo parmesão
Pedacinhos de queijo
1 gema

Modo de preparo

Misture tudo e faça as bolinhas. Achate-as com o dedo e, na cavidade, coloque um pedacinho de queijo. Depois, passe gema por cima.

Asse em forno quente, em assadeira untada e polvilhada com farinha de trigo.

MEU PAI FAZIA ESSA RECEITA QUASE TODO FIM DE SEMANA – ELE ADORAVA ESSES SALGADINHOS.

Sopa de palmito

Ingredientes

1 colher (sopa) de manteiga
1 cebola picadinha
3 dentes de alho
500 ml de caldo de legumes
300 ml de caldo de carne
200 ml de leite
1 colher (sopa) de amido de milho
1 vidro de palmito em pedacinhos
1 pires de queijo parmesão ralado

Modo de preparo

Leve ao fogo a manteiga e junte a cebola picadinha com os dentes de alho. Acrescente os caldos.

Desmanche o amido de milho no leite, misturando-o ao caldo.

Deixe engrossar. Junte o palmito em pedacinhos e o queijo parmesão ralado.

SIRVA COM TORRADINHAS AMANTEIGADAS, PÃO E CREME DE LEITE. FICA UM CHARME.

Suflê de macaxeira

Ingredientes

1 kg de macaxeira
½ kg de charque
2 colheres (sopa) de óleo
2 cebolas grandes picadas
2 colheres (sopa) de manteiga
Leite e queijo parmesão

Modo de preparo

Cozinhe a macaxeira e faça um purê com o leite e a manteiga, com consistência média.

Escalde o charque e corte-o bem miudinho. Frite no óleo com bastante cebola pra deixar a macaxeira bem suculenta.

Unte um pirex, coloque a metade do purê, o charque com cebola e a outra metade do purê. Por fim, polvilhe com bastante queijo e leve ao forno.

Sirva bem quente.

ESSES INGREDIENTES SÃO TÍPICOS DA COZINHA NORDESTINA, TRATADOS COM ELEGÂNCIA E SABOR.

Sururu ensopado

Ingredientes

500 g de sururu

1 cebola picada bem miudinha

1 tomate picado bem miudinho

1 pimentão picado bem miudinho

1 colher (sopa) de coentro

1 colher (sopa) de cebolinha

1 folha de louro

1 litro de leite de coco grosso

1 colher (sopa) de azeite

1 colher (sopa) de extrato de tomate

1 colher (chá) de vinagre

1 limão

Sal

Modo de preparo

Lave os sururus em água corrente morna com limão. Escorra.

Tempere com cebola, tomate, pimentão, coentro, louro, cebolinha, vinagre, extrato de tomate e sal.

Leve tudo ao fogo para refogar no azeite, depois acrescente o leite de coco. Mexa com cuidado para não talhar o leite nem quebrar os sururus.

Deixe ferver um pouco para apurar.

Se quiser fazer uma omelete ou juntar as verduras de uma maionese, espere secar bem.

 SIRVA COM BOLACHINHAS MIMOSAS CASEIRAS OU DA PADARIA ALTEZA, EM MACEIÓ.

Torta americana de camarão

Ingredientes

110 g de batatas cozidas e passadas no espremedor

6 colheres (sopa) de farinha de trigo

2 colheres (sopa) de manteiga bem cheias

200 ml de leite

6 gemas

6 claras batidas em neve

500 g de camarão passado na máquina (triturado) e refogado ligeiramente

Modo de preparo

Misture tudo e asse em fôrma redonda untada com manteiga e forrada com papel impermeável.

NA ÉPOCA, O COMUM SERIA ENFEITAR ESSA TORTA COM UM PURÊ FINO, CAMARÕES COZIDOS, ERVILHAS, TOMATE, ALFACE E AZEITONA COMO SE FOSSE UMA TORTA DOCE. BEM ANOS 1960.

Torta de carne de liquidificador

INGREDIENTES

3 ovos

400 ml de leite

100 ml de óleo

1 xícara (chá) de
farinha de trigo

1 xícara (chá) de amido
de milho

1 colher (sopa) de
fermento químico em pó

Sal a gosto

MODO DE PREPARO

Coloque todos os
ingredientes da massa
no liquidificador e bata.
Reserve.

RECHEIO

INGREDIENTES

500 g de carne moída de primeira

2 colheres (sopa) de óleo

1 cebola roxa pequena picada bem fininha

2 colheres (sopa) de queijo parmesão ralado

10 azeitonas pretas sem caroço

1 lata de ervilhas sem a água

1 xícara (chá) de cheiro-verde picado

1 colher (chá) de orégano

1 colher (chá) de pimenta calabresa

12 tomates maduros pequenos

Manteiga para untar

MODO DE PREPARO

Aqueça o óleo e frite a carne até ficar bem
sequinha. Em outra panela, refogue no óleo
a cebola, as ervilhas e as azeitonas.
Junte a carne e tempere com o cheiro-verde,
o orégano e a pimenta.

Em uma assadeira média untada e
enfarinhada, coloque metade da massa,
depois o recheio e cubra com o restante da
massa. Coloque os tomates pequenos na
massa. Asse em forno médio até dourar.

ALÉM DESSA APRESENTAÇÃO LINDA, A TORTA É SUPERSABOROSA. DÁ PARA FAZER SEM CARNE, USANDO LEGUMES EM UMA VERSÃO *VEGGIE*.

Torta de mussarela

Ingredientes

⅓ de xícara (chá) de amido de milho

1 xícara (chá) de farinha de trigo peneirada

1 pitada de sal

½ xícara (chá) de manteiga

1 colher (sopa) de margarina

1 ovo inteiro e 1 gema

Modo de preparo

Junte todos os ingredientes com a ponta dos dedos até formar uma bola.

Deixe a massa descansar durante 15 minutos. Forre uma fôrma de aro removível com a massa e reserve.

RECHEIO

Ingredientes

½ kg de mussarela picada

1 colher (sopa) de margarina

2 colheres (sopa) de amido de milho

2 xícaras (chá) de leite

Sal, pimenta e noz-moscada

Queijo ralado a gosto

100 g de bacon picadinho

Modo de preparo

Misture bem todos os ingredientes e reserve. Coloque o recheio na massa, polvilhe com queijo ralado e asse em forno moderado durante mais ou menos 25 minutos. Sirva quente.

MINHA AVÓ APRENDEU A FAZER ESSE PRATO EM UMA VIAGEM À ITÁLIA, E ELE FOI REPETIDO POR DIVERSAS VEZES EM FESTAS, EVENTOS E RECEPÇÕES. QUEM QUISER UMA VERSÃO MAIS LIGHT PODE TROCAR O BACON POR... AH, NÃO TROQUE POR NADA, NÃO. HAHAHAHA!

FAÇA DECORAÇÕES COM UM POUCO DA MASSA PARA QUE A TORTA FIQUE MAIS BONITA. USE OUTROS RECHEIOS, COMO FRANGO, LEGUMES, PERU...

Torta de peixe

Ingredientes

1 kg de peixe

½ lata de creme de leite

4 xícaras (chá)
de farinha de trigo

4 ovos

100 g de manteiga

2 colheres (sopa) de azeite

1 cebola grande picada

2 tomates sem pele e sem
sementes picados

400 g de creme de
leite fresco

Sal e pimenta a gosto

Salsa picada a gosto

Gema para pincelar

Modo de preparo

Misture o creme de leite, a farinha de trigo, 2 ovos, a manteiga e o sal. Amasse com as mãos até a massa ficar homogênea.

Unte e enfarinhe uma fôrma de 22 cm de diâmetro e forre o fundo e as laterais com a massa. Guarde uma parte da massa para cobrir e decorar a torta.

Em uma panela, aqueça o azeite, doure a cebola e refogue rapidamente o tomate e o peixe.

Adicione o creme de leite fresco e as outras 2 claras e 1 gema e mexa bem. Desligue o fogo, tempere com o sal, a pimenta e a salsa.

Deixe o recheio esfriar totalmente e coloque sobre a massa.

Cubra com a massa reservada, pincele a gema restante dissolvida em um pouco de água e asse em forno preaquecido a 200º C durante 30 minutos ou até dourar.

Visite e conheça estes e outros lançamentos
www.matrixeditora.com.br

Jovem o suficiente

A história real de um rapaz que conversou com crianças que cruzaram seu caminho, numa viagem de volta ao mundo, para aprender com elas a manter-se jovem. Era para ser uma viagem de dois melhores amigos. Mas algo acontece com um deles, Louiz, e o sonho do passeio conjunto é desfeito. Felipe, o outro amigo, autor desta obra, percebe que os outros antigos amigos da escola estavam atolados em suas próprias rotinas nos estudos, no trabalho ou mesmo em relacionamentos sufocantes. A juventude, tão efêmera, estava ficando para trás. Era preciso resgatá-la, e ele vai em busca do sonho que também tanto motivara Louiz.

A história da minha vida

Por que não escrever a sua própria história? Quantos fatos interessantes você viveu e está vivendo? Quantos amigos maravilhosos valeriam um registro numa página? Quantas recordações sobre seus familiares – ascendentes e descendentes – não merecem um registro histórico? E tantos outros acontecimentos marcantes. Para ajudar você nessa grande obra é que existe esta outra obra aqui. Através de pequenos exemplos você é convidado a parar, pensar e escrever. Um livro para guardar e/ou compartilhar. Mas, acima de tudo, para ser um marco nessa importante vida que é a sua.

Chame o gerente!

Nesse livro você vai ver, de um jeito bem-humorado, os bastidores de alguns restaurantes famosos de São Paulo. Entre os acertos e, principalmente, os erros cometidos ao longo de sua experiência nesses estabelecimentos, o autor compartilha histórias de cozinheiros, garçons e barmen, que podem mudar completamente a visão que temos sobre como funcionam as coisas no mundo da alta gastronomia de São Paulo.

Blota Jr. - A elegância no ar

Blota Jr. foi apresentador dos grandes momentos da música na TV, um dos maiores nomes do rádio, formador de ídolos, empresário vitorioso, pioneiro do jornalismo esportivo, político atuante num período decisivo da história do Brasil. Em suas seis décadas de carreira, Blota Jr. apresentou mais de 180 programas. Dirigiu emissoras de rádio e foi sócio de um canal de TV. Foi deputado estadual, deputado federal e secretário de Estado. Ao lado de sua esposa, Sonia Ribeiro, criou um estilo único diante das câmeras.

facebook.com/MatrixEditora